AF329264

AUGUSTIN CHOPPIN D'ARNOUVILLE

AVOCAT GÉNÉRAL A LA COUR D'APPEL DE PARIS

Né à Bordeaux le 27 avril 1829. Avocat à Paris en mai 1851.
Substitut à Baume-les-Dames, le 22 juin 1853 ; à Vesoul,
le 20 mai 1854. Procureur impérial à Baume-les-
Dames, le 14 décembre 1858. Substitut du procureur
général à la cour de Limoges, le 27 novembre 1859.
Avocat général à la même cour, le 15 mars 1862. Pre-
mier avocat général à la cour de Montpellier, le 30 décembre 1865. Procureur impérial à Lyon, le 5 mars
1868. Révoqué le 5 septembre 1870. Avocat à Montpellier. Avocat général à la cour d'appel de Paris, le
20 août 1873. Secrétaire général du ministère de la
justice et conseiller d'Etat en service extraordinaire, le
28 novembre 1877. Avocat général à la cour d'appel de
Paris, le 21 décembre 1877 ; remplacé en 1879 Avocat
à la cour d'appel de Paris. Décédé dans cette ville, le
24 janvier 1895. Officier de la Légion d'honneur et de
l'instruction publique, commandeur de Saint-Grégoire-
le-Grand et d'Isabelle-la-Catholique.

Descendant d'une vieille famille de robe qui
compta parmi ses membres le jurisconsulte Réné
Choppin, fils d'un ancien préfet qui donna les
soins les plus éclairés et les plus dévoués à
son éducation, M. Choppin d'Arnouville s'est
distingué, pendant les vingt-six années qu'il a

passées dans les fonctions judiciaires, par l'élévation de son caractère, l'amour du travail, la haute convenance et la légitime autorité de sa parole, en un mot, par un sentiment profond de la dignité et des devoirs du magistrat. On se souvient encore à Paris des succès qu'il obtint dans de grandes affaires criminelles où il représentait le ministère public ; et nous, ses anciens collègues lyonnais, ne perdrons point la mémoire de la cordialité, de la grâce, de l'émotion sincère et partagée avec lesquelles il vint, il y à deux ans, présider notre réunion, afin de resserrer les liens qui l'unissaient de longue date à la magistrature de notre ville. Causeur charmant, plein d'abandon et de bienveillance dans l'intimité, il avait en tout le culte de la distinction. Sous la correction élégante de sa tenue, sous l'apparence un peu réservée de son maintien, il cachait un cœur chaud, une scrupuleuse délicatesse, une droiture de conscience inaccessible aux compromissions et aux faiblesses, enfin des convictions inébranlables qui le firent, au barreau, dans les rangs duquel il passa plus de quinze années, respecter de tous, même de ses adversaires politiques, et qui lui avaient conquis une clientèle dévouée dont il avait rapidement attiré la confiance sans jamais la rechercher. Sa bonté, qui n'était pas l'expression banale d'une affabilité de commande, savait condescendre à tous ceux, grands ou petits, qui recouraient à ses conseils ; elle s'efforçait de guérir les misères morales dont il recevait la confidence et de relever, partout où il les découvrait, les vaincus de la vie.

Le généreux et brillant défenseur des congrégations religieuses expulsées en 1880 s'est éteint en chrétien à la suite d'une longue et douloureuse maladie, déguisée jusqu'au dernier jour, mais plein de foi et d'espérance, au milieu des siens qui, plus près de sa pensée et de son cœur, pourraient seuls nous dire complètement ce que fut son existence toute d'honneur et de dévouement.

Emile RAVIER DU MAGNY

VICE-PRÉSIDENT DU TRIBUNAL CIVIL DE LYON

Né à Lyon le 17 octobre 1819. Juge suppléant au tribunal civil de Saint-Étienne le 22 janvier 1848. Juge à Nantua (Ain) le 14 septembre 1849 ; à Montbrison (Loire) le 28 août 1852 ; à Saint-Étienne le 20 janvier 1855. Vice-président du tribunal civil de Saint-Étienne le 19 octobre 1859. Juge au tribunal civil de Lyon le 5 avril 1862. Chargé des ordres au même siège le 12 janvier 1870. Vice-président du tribunal de Lyon le 6 juin 1874. Remplacé en septembre 1883. Décédé à Lyon le 26 février 1895.

M. Ravier du Magny, mort à Lyon, a été inhumé à Sarry (Saône-et-Loire). Au moment où son corps quittait la gare de Perrache, M. Henri Beaune a prononcé les paroles suivantes :

« Un mot seulement, Messieurs, avant de nous séparer, avant de laisser cette noble dépouille achever son dernier voyage, pour adresser, au nom de ses anciens collègues, un suprême adieu au magistrat, à l'homme de bien, à l'homme de foi, que le souverain Juge vient d'appeler aux récompenses éternelles.

« Fils, petit-fils de magistrats lyonnais, dont l'un présida notre tribunal, dont l'autre fut conseiller à la Cour, tous deux démissionnaires en 1830, Emile Ravier du Magny n'était pas de ceux qui lièrent leur vie à de frivoles ou vulgaires jouissances. En entrant à son tour dans les fonctions judiciaires, il avait placé haut son but : il s'était promis de n'y mettre de passion qu'en une chose, l'accomplissement du devoir. Et comme il se tint parole ! Tel on l'avait vu dès ses débuts, à Nantua, à Montbrison, à Saint-Etienne, tel on le reconnut dans le grand tribunal de Lyon, auquel il appartint, soit comme juge, soit comme vice-président, de 1862 à 1883 ; ardent au travail, comme si la nature ne l'avait pas doué d'une sagacité vive et pénétrante, donnant à la justice toute son attention et tout son cœur, ne dépouillant sa robe, après avoir payé sa dette quotidienne, que pour courir en secret au lit des pauvres ; allant jusqu'au bout de ses forces, donnant aux autres chacune des courtes trèves que la maladie lui laissait, et, quand une faiblesse incurable, résultat d'un double accident, vint enchaîner une partie de son corps plus épuisé que fragile, trouvant dans la flamme voilée qui brûlait en lui l'énergie de se faire porter à l'audience, afin d'éviter le renvoi d'une affaire et l'attente prolongée des plaideurs.

« Toujours écouté avec déférence, parce qu'il était toujours prêt et supérieur à toutes les difficultés, n'ayant jamais rencontré sur sa route ni une inimitié, ni une défiance, ni une jalousie ; aussi loin des misères serviles de l'ambition que de l'impertinence de l'orgueil satisfait, fidèle à ses croyances et à ses traditions domestiques qui le rendaient, — faut-il le dire ? — un peu rebelle aux nouveautés, sauf peut-être à celles de la charité chrétienne ; s'ignorant partout lui-même et ne goûtant jamais plus de joie que lorsqu'il se croyait oublié, M. Ravier du Magny réunissait dans un rare équilibre l'austérité de la vie qui commande le respect et l'exquise délicatesse du cœur qui conquiert l'affection. On peut répéter de lui ce qu'on a dit d'un de ses contemporains du palais : Rarement une intelligence plus ferme s'est alliée à une âme plus douce. »

« Voilà, Messieurs, le magistrat qu'après trente-cinq ans de loyaux services, la loi de 1883 précipita dans une retraite anticipée dont, en catholique fervent, il s'empressa de consacrer les loisirs à la piété et à la bienfaisance. Voilà celui qu'accompagnent ici une estime et des regrets universels, le plus enviable cortège que puisse recevoir un honnête homme, le plus capable, s'il est possible, de consoler une douleur filiale. Je me trompe : il est pour celle-ci une consolation plus puissante et plus élevée. Notre collègue n'a point paru devant Dieu les mains vides ; il a monté vers lui porteur d'un trésor longuement amassé, riche d'œuvres accomplies chaque jour avec cette simplicité modeste et vraie qui est la marque de la vertu sincère. Laissons donc couler nos larmes, mais ne les séparons pas de l'espérance : plus heureux que bien d'autres, la céleste justice ne le trouvera pas insolvable. »